Hidroponía para avanzados:

La guía definitiva para el cultivo hidropónico y acuapónico

Antonio Martínez

Copyright Todos los derechos reservados.

Este libro electrónico se proporciona con el único propósito de ofrecer información relevante sobre un tema específico para el que se han hecho todos los esfuerzos razonables para garantizar que sea preciso y razonable. No obstante, al comprar este libro electrónico, usted acepta que el autor y el editor no son en modo alguno expertos en los temas contenidos en él, independientemente de las afirmaciones que puedan hacerse al respecto. Por lo tanto, cualquier sugerencia o recomendación que se haga en el mismo se hace con fines puramente de entretenimiento. Se recomienda consultar siempre a un profesional antes de poner en práctica cualquiera de los consejos o técnicas que se exponen.

Se trata de una declaración jurídicamente vinculante que es considerada válida y justa tanto por el Comité de la Asociación de Editores como por el Colegio de Abogados de Estados Unidos, y que debe considerarse jurídicamente vinculante dentro de este país.

La reproducción, transmisión y duplicación de cualquiera de los contenidos aquí encontrados, incluyendo cualquier información específica o ampliada, se realizará como un acto ilegal independientemente de la forma final que adopte la información. Esto incluye las versiones copiadas de la obra, tanto físicas como digitales y de audio, a menos que se cuente con el consentimiento expreso de la editorial. Quedan reservados todos los derechos adicionales.

Además, la información que se encuentra en las páginas que se describen a continuación se considerará exacta y veraz a la hora de relatar los hechos. Por lo tanto, cualquier uso, correcto o incorrecto, de la información proporcionada dejará al editor libre de responsabilidad en cuanto a las acciones realizadas fuera de su ámbito directo. En cualquier caso, no hay ninguna situación en la que el autor original o la editorial puedan ser considerados responsables de ninguna manera por cualquier daño o dificultad que pueda resultar de cualquier información discutida aquí.

Además, la información contenida en las páginas siguientes tiene únicamente fines informativos, por lo que debe considerarse universal. Como corresponde a su naturaleza, se presenta sin garantía de su validez prolongada ni de su calidad provisional. Las marcas comerciales que se mencionan se hacen sin el consentimiento por escrito y no pueden considerarse en ningún caso un respaldo del titular de la marca.

CAPÍTULO UNO	6
Cómo funcionan las plantas en hidroponía	6
Fotosíntesis	7
La producción de alimentos en las hojas de una planta	8
Transpiración	10
Sistemas de transporte dentro de una planta	10
Nutrientes vegetales	11
Ósmosis	12
Hormonas de crecimiento	13
CAPÍTULO DOS	15
Los nutrientes esenciales	15
Nitrógeno	15
Fósforo	16
Potasio	16
Calcio	17
Magnesio	17
Azufre	18
Hierro	18
Manganeso	18

Zinc	19
Cobre	19
Boro	19
Molibdeno	20
CAPÍTULO TRES	**23**
La fórmula de los nutrientes	23
Fórmula número uno para los sistemas de 'To Waste'	24
Gramos por 100 litros	24
Fórmula número dos	25
CAPÍTULO CUARTO	**28**
Equipo	28
Tanques de almacenamiento	29
Líneas de nutrientes	29
Bombas	29
Válvulas	30
Contenedores de cultivo	31
Equipo de ensayo de C F (conductividad)	32
Controladores hidropónicos	35
Medidores de PH	37
CAPÍTULO CINCO	**40**
Configuración de un sistema	40
Primer paso: comprobar el suministro de agua	40
Segundo paso: planificar la disposición de la zona de cultivo	42
Tercer paso: El tanque de retención	46

Sistemas manuales 46

Sistemas automáticos 48

Cuarto paso: Instalación de un controlador automático 51

CAPÍTULO UNO
Cómo funcionan las plantas en hidroponía

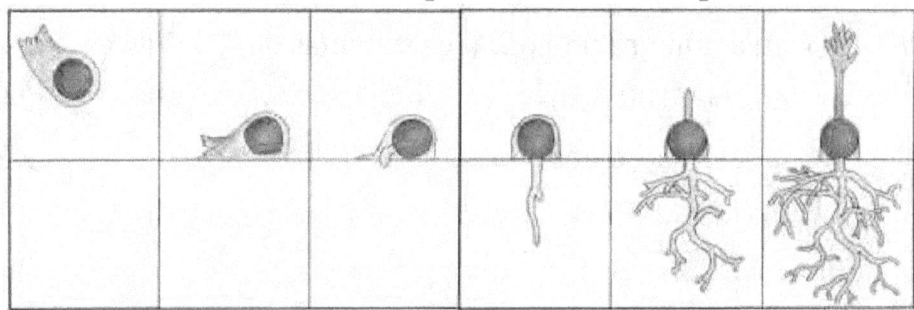

Probablemente, el requisito más importante para gestionar con éxito cualquier sistema hidropónico es comprender claramente cómo funcionan las plantas. Con este conocimiento, podrá ver por qué se incluyen las partes componentes de un sistema hidropónico, y por qué ciertas acciones producirán un mejor crecimiento en las plantas, mientras que otras pueden ser perjudiciales para su salud.

Cómo crecen las plantas

Una punta de raíz joven evoluciona a partir de una semilla que empuja hacia abajo su dirección en el suelo.

Observando cómo crecen los árboles, comprenderás rápidamente cómo funcionan la mayoría de las plantas. La historia comienza con la semilla, que es la unidad de dispersión dentro del ciclo vital de un árbol. Cada otoño, los árboles madre esparcen miles de semillas por el suelo del bosque, que brotan más tarde, en primavera.

La germinación comienza cuando la semilla seca se desprende de la tierra en el agua y la semilla se ablanda e hincha. Pocos días después, por división celular, crece una diminuta raíz que se convierte en una raíz visible que emerge a través de la cubierta de la semilla, se dobla hacia abajo y entra en el suelo. A continuación, la raíz desarrolla pequeños pelos radiculares, mediante los cuales el nuevo árbol absorbe el agua que necesita para crecer. Los minerales que necesita el árbol en desarrollo se disuelven en el agua. En pocas semanas, comienzan a desarrollarse las raíces de las ramas, que a su vez arrojarán más raíces de las ramas a medida que evolucionan más robustas.

Sorprendentemente, el sistema de raíces sigue siendo poco profundo. Las raíces pivotantes profundas son raras, ya que las raíces en las capas superficiales del suelo cumplen mejor sus funciones. El crecimiento del tamaño y la sustancia de las raíces de un árbol se mantiene gracias a la función saludable de las hojas verdes del árbol.

Fotosíntesis

Unos días después de que la semilla saliera de las primeras raíces y se abriera paso bajo tierra, la semilla también habría producido su primer brote pequeño. Todas las semillas del árbol contienen una o más hojas de semilla, llamadas cotiledones. El crecimiento ascendente del primer brote pequeño del árbol continúa durante el resto de su vida. Los brotes aéreos, al igual que las raíces del árbol, se nutren en los brotes de las hojas que se desarrollan. La fotosíntesis se denomina el proceso clave. Esto significa literalmente "fabricar con la ayuda de la luz" traducido de su idioma griego. La fotosíntesis es esencialmente el proceso mediante el cual las plantas atrapan y utilizan la energía de la luz.

Las plantas verdes parecen verdes, ya que reflejan la luz verde y absorben los demás colores que componen la luz "blanca". La clorofila es el pigmento que da a las plantas este color verde, y esta sustancia sirve principalmente para atrapar la luz. La clorofila que regula la reacción fotosintética se encuentra en diferentes células de las hojas llamadas cloroplastos. Las plantas necesitan absorber la luz del sol, porque les proporciona la energía que necesitan para producir el alimento que necesitan para crecer.

La producción de alimentos en las hojas de las plantas

Las hojas de una planta filtran constantemente una corriente de aire a través de sus tejidos, que tienen una textura abierta con muchos conductos de aire. El aire se compone de unas cuatro partes de nitrógeno por una de oxígeno, además de una pequeña pero significativa cantidad de dióxido de carbono. La planta necesita el carbono para crear nuevos tejidos que produzcan lo que vemos como crecimiento. La clorofila de las hojas, utilizando la energía de la luz solar, extrae el dióxido de carbono del aire y lo combina con el agua para fabricar unas sustancias químicas llamadas carbohidratos.

Un tipo de carbohidrato conocido es el azúcar. El azúcar glucosa es un tipo de carbohidrato soluble producido por la fotosíntesis que puede fluir libremente por toda la planta proporcionando el alimento necesario para nutrir todo tipo de crecimiento y también suministrar la energía para cada proceso vital. Las hojas, los brotes, las raíces, el tallo leñoso, las flores y, por último, los frutos y las semillas se construyen a partir de él. Las plantas utilizan la energía almacenada en los hidratos de carbono mediante un proceso llamado respiración.

Puedes ver que la fotosíntesis es un proceso importante para las plantas, ya que sin ella no se producirían los carbohidratos o azúcares que la planta necesita para crecer. También es un proceso importante para los seres humanos porque durante el proceso de captura de la energía luminosa, el oxígeno se separa del agua y se libera a la atmósfera. Por tanto, las plantas verdes eliminan el dióxido de carbono que los humanos y otros animales respiran en el aire y liberan el oxígeno del que dependemos para sobrevivir.

Transpiración

Entre el 80 y el 95 por ciento del peso de una planta se compone de agua. Las plantas se abastecen de agua a través de sus raíces y pierden hasta el 98% de su consumo de agua a través de un proceso llamado transpiración. Esto ocurre cuando el aire que pasa por los conductos de las hojas de la planta arrastra grandes cantidades de agua. El flujo de aire es necesario para que la planta pueda obtener el carbono necesario para producir carbohidratos. La planta también necesita mantener su suministro de agua. No es de extrañar, por tanto, que los sistemas radiculares de las plantas sean extremadamente eficaces para extraer agua del suelo, mientras que otras estructuras de la planta pueden transportarla eficazmente contra la fuerza de la gravedad, hasta 100 metros de altura en algunos árboles.

Sistemas de transporte dentro de una planta

Hay dos tipos principales de vasos que permiten que el agua y los nutrientes fluyan hacia arriba desde las raíces en forma de savia, y que la solución de carbohidratos fluya por toda la planta. Los vasos del xilema contienen la savia que fluye hacia las hojas desde las raíces, mientras que los vasos del floema contienen los carbohidratos producidos en las hojas que fluyen alrededor de la planta y bajan hasta las raíces donde pueden ser convertidos en almidones y almacenados. En la mayoría de las plantas, estas vías bidireccionales, el xilema y el floema, se organizan en haces vasculares que suben por el tallo de la planta. Al llegar a las hojas de la planta toman la forma de venas.

El xilema y el floema están dispuestos en las ramas y los troncos de los árboles, en un patrón diferente. Se agrupan debajo de la corteza, a ambos lados de una capa de células, llamada cambio. La savia de la raíz asciende por el interior de la capa del cambium, mientras que por el lado exterior de la capa del cambium descienden los hidratos de carbono o savia azucarada a través de los tejidos del floema llamados Bast.

En este lado de la capa del cambium, la solución de hidratos de carbono produce un nuevo crecimiento que, combinado con una contracción de estas células en verano, forma los anillos de crecimiento visibles cuando se corta un árbol. Las células se abren de nuevo cada primavera permitiendo la salida de la savia y la aparición de un nuevo anillo de crecimiento de cambio bajo la corteza.

Nutrientes para plantas

El xilema de las plantas no sólo transporta agua, sino también minerales disueltos en ella. Para un crecimiento sano, las plantas necesitan la mayor parte, si no todos, de al menos diecisiete elementos diferentes. Nueve de estos elementos; se necesitan grandes cantidades de carbono, hidrógeno, oxígeno, nitrógeno, fósforo, potasio, azufre, calcio y magnesio, llamados macronutrientes.

Los tres primeros: el carbono, el hidrógeno y el oxígeno a partir del dióxido de carbono y el agua, el resto a partir del suelo.

Los siete nutrientes restantes, conocidos como micronutrientes u oligoelementos, son necesarios en menor cantidad, pero siguen siendo cruciales para el crecimiento saludable de las plantas. Se trata de titanio, manganeso, boro, zinc, molibdeno, cobre y cloro. Si la planta no dispone de alguno de estos nutrientes minerales, el crecimiento de la planta se verá afectado de alguna manera.

Algunos suelos son deficitarios en algunos aspectos, por lo que las plantas que crecen en ellos muestran los síntomas de carencia de los elementos que les faltan. Incluso en el suelo el producto puede estar presente pero no en una forma soluble que permita a la planta absorberlo. Esta es una de las razones por las que las plantas cultivadas en régimen hidropónico producen un crecimiento rápido y saludable. Todos los nutrientes que necesitan están siempre disponibles en las proporciones adecuadas, al igual que el importantísimo suministro de agua en el que se disuelven los nutrientes.

Ósmosis

El proceso por el que las plantas absorben los nutrientes minerales disueltos en el agua se llama ósmosis. La tendencia de los fluidos a atravesar una membrana semipermeable y mezclarse entre sí es la ósmosis. Una membrana semipermeable es algo que permite atravesar algunas cosas pero no otras. En las plantas, los pequeños pelos de las raíces necesitan que los nutrientes disueltos en el agua lleguen al sistema radicular pero, por ejemplo, no permiten que las partículas de tierra entren en la planta.

La ósmosis es un mecanismo importante que se encuentra tanto en las plantas como en los animales. En los animales, los alimentos digeridos se osmotizan en el torrente sanguíneo. Las células de los pelos de las raíces de las plantas contienen una solución densa de sales y ácidos orgánicos. Como esta solución es más fuerte que la solución débil de nutrientes disueltos en el agua del suelo, existe una fuerte presión osmótica que impulsa la solución débil a través de las paredes celulares para mezclarse con la solución densa. Este proceso de ósmosis continúa de célula a célula, de modo que los nutrientes disueltos en el agua del suelo entran en las raíces de la planta y acaban desplazándose por toda la planta.

La ósmosis también puede funcionar a la inversa y matar una planta. Algunos jardineros, cuando aplican una fuerte dosis de fertilizante soluble alrededor de una planta, crean una situación en la que la solución en el suelo es más fuerte que en la planta. Como resultado, la planta pierde su humedad, se marchita y a menudo muere. Dado que la solución nutritiva que se suministra a las plantas de cultivo hidropónico puede dosificarse, esta situación se evita fácilmente.

Las plantas cultivadas hidropónicamente, al recibir los nutrientes que necesitan, pueden incluso desarrollarse hasta un grado que normalmente no alcanzan las plantas cultivadas en el suelo. Sus raíces se nutren muy bien y acumulan grandes cantidades de sales minerales. Como la solución de sales en las células de las raíces de las plantas es tan fuerte, la capacidad de estas células para absorber agua aumenta. Así, en lugar de que el agua y los nutrientes suban por el xilema de las plantas por ósmosis, las raíces pueden tomar tanta agua que ésta es forzada a subir por el xilema. De hecho, las raíces actúan como una bomba. Esta condición se ha denominado "presión radicular" y acelera el desarrollo del resto de la planta.

Hormonas de crecimiento

Las investigaciones posteriores sobre el modo de crecimiento de las plantas han permitido acelerar aún más el ritmo de crecimiento de las mismas. Por lo general, el crecimiento de una planta se produce a ritmos diferentes en las distintas partes de la misma. Algunas partes de la planta crecerán a ritmos similares, las raíces y los brotes no se superan entre sí porque son interdependientes. Ambos se necesitan mutuamente, los brotes necesitan los minerales que obtienen las raíces y las raíces necesitan los productos fotosintéticos de las hojas de los brotes. En las plantas existen unas moléculas mensajeras especiales conocidas como hormonas que controlan el ritmo de crecimiento de las plantas.

Las hormonas se generan en varias partes de una planta y se transportan en cantidades minúsculas alrededor de la planta, afectando al tipo de crecimiento que tiene lugar en las células de las que están compuestas las plantas. Actualmente existen hormonas sintéticas que pueden incluirse en la solución nutritiva de los cultivadores hidropónicos para producir el aumento del crecimiento atribuible a algunas de estas hormonas. La floración y la fructificación son dos acontecimientos críticos en el crecimiento de una planta en los que intervienen las hormonas. Las hormonas responden a los cambios en el entorno estimulando la floración y la fructificación. La floración, por ejemplo, suele estar controlada por la duración del día, una respuesta conocida como fotoperiodismo. Los cultivadores de flores pueden ahora inducir la floración en casi cualquier momento del año con equipos que regulan la cantidad de luz que reciben sus plantas y con hormonas de crecimiento.

CAPÍTULO DOS
Los nutrientes esenciales

Nitrógeno

El nitrógeno es uno de los principales elementos que contribuyen al crecimiento de una planta. Las plantas utilizan el nitrógeno para crear aminoácidos y proteínas que se utilizan para generar un nuevo crecimiento en las células. El nitrógeno se desplaza rápidamente por toda la planta para promover el nuevo crecimiento en detrimento del follaje más antiguo. Cualquier carencia provocará debilidad en el nuevo crecimiento y el resultado es una planta atrofiada. La escasez suele notarse primero en las hojas más viejas de una planta, que pierden su color verde y se vuelven gradualmente amarillas. Esto se debe a que el nitrógeno es esencial en las hojas para el oxígeno verde que produce el pigmento de la clorofila.

Las hojas pequeñas también serán amarillas a medida que la escasez persiste y las venas del envés de las hojas se vuelven de color rojo o púrpura. Las plantas hortícolas pueden correr a sembrar. La abundancia de nitrógeno también afectará a la fructificación o a la producción de semillas de la mayoría de las plantas

Fósforo

Otro factor esencial para el crecimiento de las plantas, el fósforo, también es crucial para la fotosíntesis y la formación de células. En este caso, actúa como un catalizador que facilita la transferencia de energía para la planta. El fósforo es importante para el desarrollo de un buen sistema de raíces, y también es necesario para la formación de las flores y las semillas de una planta. Como el fósforo, al igual que el nitrógeno, es muy móvil dentro de la planta, cualquier deficiencia suele ser visible en el color de las hojas de la planta. La deficiencia de fósforo produce una coloración verde intenso de la hoja.

Potasio

El potasio, al igual que el fósforo, actúa como catalizador para activar o desencadenar una serie de funciones vegetales dentro de las plantas. Es una fuente de enzimas vegetales que previenen las enfermedades y desempeñan un papel importante en el desarrollo de las células.

El moteado de las hojas más viejas de las plantas y el amarillamiento de las hojas a lo largo de sus venas pueden sugerir una deficiencia de potasio. Es otro elemento de la planta que es móvil, por lo que las hojas más viejas son las primeras en mostrar cualquier carencia. Las plantas que carecen de este nutriente pueden perder sus frutos antes de que maduren.

Calcio

El calcio es el elemento que sostiene las paredes celulares cuando se forman en las plantas. Ayuda a amortiguar los excesos de otros elementos y es una parte importante de la estructura de las raíces de las plantas. El calcio en las plantas no es muy móvil, por lo que está presente en el crecimiento más antiguo en mayor concentración. Por lo tanto, cuando hay una carencia de calcio, es el nuevo crecimiento el que primero sufre. El crecimiento más antiguo conserva su calcio, pero este importante elemento faltará en el nuevo crecimiento. Las puntas frescas de las hojas y las puntas ascendentes tienden a morir con una deficiencia de calcio y las hojas presentan un chamuscado de color marrón a negro, incluso el bajo nivel de calcio es la fuente de la podredumbre de la punta de la flor, que a menudo se ve como una costra negra en el fondo del fruto del tomate.

Magnesio

Otro factor esencial para la fotosíntesis en las plantas es el magnesio. Es de vital importancia para la molécula de clorofila y también se utiliza mucho en la producción de semillas. Una deficiencia puede amarillear las hojas de una planta y extenderse desde el centro hasta los bordes exteriores de la hoja. Las hojas acaban adquiriendo un color anaranjado. La falta de magnesio da lugar a más problemas si se quiere cultivar más plantas a partir de las semillas producidas, ya que éstas se malforman y tienen un bajo índice de germinación. El magnesio actúa como portador de fósforo dentro de la planta y favorece la formación de aceites, grasas y jugos.

Azufre

Al igual que el calcio, el azufre es importante en la estructura de los tejidos de las plantas. Es uno de los componentes de las proteínas de las plantas y desempeña un papel importante en la producción de la mayoría de los sabores y olores de las plantas. Cuando las hojas más jóvenes de una planta se vuelven pálidas, aparece una falta de azufre. A pesar de seguir creciendo, tiende a ser dura y leñosa, con muy poco aumento del crecimiento radial. Dentro de una planta, el azufre no se mueve mucho.

Hierro

El hierro es necesario para la producción de clorofila en las plantas y se utiliza en la fotosíntesis. Una deficiencia de hierro afectará al nuevo crecimiento de las plantas, las hojas se volverán casi blancas y las venas de las hojas mostrarán un amarillamiento definitivo.

El hierro no es muy móvil ni se absorbe fácilmente en las plantas, por lo que es un elemento difícil de reponer una vez perdido. El hierro es un micronutriente importante que todas las plantas y animales necesitan.

Manganeso

El manganeso interviene en muchas enzimas de las plantas, especialmente en las que reducen los nitratos antes de la producción de proteínas. El amarillamiento moteado de las hojas más jóvenes suele caracterizar una escasez de manganeso. Especialmente en los cítricos, sólo se forman pequeñas hojas amarillas y no se desarrollan más. También afecta a la formación de nuevos brotes florales.

Zinc

El zinc forma parte de las hormonas del crecimiento y también es esencial para la mayoría de las enzimas de las plantas. El zinc es otro elemento que, una vez perdido, no se repone fácilmente. Las nuevas hojas de las plantas que carecen de zinc tienen un tamaño muy reducido. El zinc aumenta la fuente de energía para la producción de clorofila y también favorece la absorción de agua. Esta es en parte la razón por la que las plantas que carecen de zinc pueden sufrir un retraso en el crecimiento. También depende en parte de la presencia de zinc la formación de auxinas, hormonas que promueven el crecimiento de las células vegetales.

Cobre

Las plantas utilizan el cobre como activador o catalizador de varias enzimas importantes. La falta de cobre provocará la disminución del nuevo crecimiento, o a veces un crecimiento irregular, a menudo con la muerte de los nuevos brotes. A veces, la fruta puede romperse durante la maduración, sobre todo a temperaturas cálidas. El cobre aumenta el contenido de azúcar de los cítricos y hace que cultivos como las zanahorias, las espinacas y las manzanas sean más coloridos. Cuando se forma la hemoglobina en la sangre de los animales, el cobre es importante en la utilización del hierro.

Boro

En este elemento, la carencia de boro se manifiesta generalmente por la muerte lenta de los tejidos de la planta, especialmente alrededor del punto principal de crecimiento y del ápice o punto central de las raíces. En los frutos de las plantas que carecen de boro aparecen grietas que varían de tamaño pequeño a bastante grande. A menudo, las raíces se vuelven huecas y se deterioran. Además de ser importante para la polinización y la producción de semillas, el boro es necesario para la división celular normal y la formación de proteínas.

Molibdeno

El molibdeno es utilizado por las plantas en la formación de proteínas y afecta a la capacidad de la planta para fijar el nitrógeno atmosférico. Las hojas pálidas que parecen quemadas hacia los bordes pueden sugerir una deficiencia. A veces, las hojas pueden deformarse. El brócoli, las coles de Bruselas, la lechuga, la coliflor y otras brasicáceas no desarrollan adecuadamente las hojas cuando no se dispone de molibdeno. El molibdeno también es esencial para plantas como los guisantes, que utilizan bacterias fijadoras de nitrógeno para tener nódulos en sus raíces. Sólo después de detallar las funciones de estos elementos nutritivos se puede concluir que todos ellos son vitales para la producción de plantas sanas.

Se preguntará cómo pueden prosperar las plantas en un suelo en el que, en mayor o menor medida, uno o varios de esos elementos esenciales pueden ser deficientes. Las plantas crecen muy bien en la naturaleza, sin que el hombre las contamine. Sólo las plantas que se adaptan a suelos extremadamente pobres crecerán en ellos. Además, las plantas modifican gradualmente el suelo rompiéndolo con sus sistemas de raíces, algunas incluso ayudan a reemplazar los nutrientes del suelo, por ejemplo, los guisantes tienen bacterias fijadoras de nitrógeno en las legumbres en sus raíces. Algunas especies de plantas están destinadas a establecerse incluso en los suelos más deficientes, allanando el camino a otras especies que pueden sucederles más adelante.

Con frecuencia se desarrollan comunidades vegetales complejas, como los bosques autóctonos de Nueva Zelanda, que aportan grandes cantidades de humus al suelo a medida que los árboles viejos se descomponen para dar paso a los nuevos. Los intrincados sistemas radiculares de los árboles autóctonos retienen este suelo fértil, mientras que la espesa cubierta que ofrecen sus hojas lo mantiene húmedo y mojado, creando las condiciones ideales para los helechos y otros cultivos subterráneos.

Si se las deja solas, las plantas responden a su entorno y lo modifican de forma muy eficaz; las dificultades surgen cuando se intenta mantener a un gran número de personas, estableciendo complejos monocultivos. Se cultivan variedades únicas en grandes áreas, lo que permite la aplicación a gran escala de pesticidas para eliminar a los rivales y otros productos químicos para el control de enfermedades. El humus que queda en el suelo de los antiguos bosques autóctonos pronto se gastará, lo que requerirá continuas aplicaciones de fertilizantes a gran escala que pueden proporcionar a las plantas los nutrientes que necesitan, pero no sustituyen la función del humus de mantener el suelo en un estado ligero, aireado y viable.

Durante el proceso de construcción, el jardinero casero se encuentra en una situación similar en una sección nueva que tenía toda la tierra vegetal, excepto la cantidad mínima necesaria para hacer crecer una capa de césped. Hay que devolver la tierra vegetal (y el abono) para formar un huerto o árboles frutales. Se necesitan fertilizantes y compost para elevar el contenido húmico del suelo. Sin embargo, el jardinero casero se ve obstaculizado por la falta de orientación técnica de los expertos que suelen emplearse para examinar las condiciones del suelo donde se realizan cultivos importantes y recomendar las aplicaciones de fertilizantes adecuadas. Más vale prevenir que curar para el jardinero doméstico que quiera cultivar una variedad de productos, y la solución es seguir aportando un suministro constante de fertilizantes y compost al suelo del huerto en lugar de esperar a que aparezcan los signos de deficiencia descritos anteriormente.

La producción hidropónica reduce los problemas asociados a un suelo pobre y con pocos nutrientes tanto para los cultivos comerciales como para los domésticos. En lugar de gastar grandes cantidades de fertilizantes en una gran superficie de suelo donde se van a cultivar, el cultivador comercial puede ciclar las cantidades necesarias dentro de un sistema hidropónico compacto añadiendo más nutrientes sólo cuando sea necesario.

Los sistemas hidropónicos reducen los problemas a los que se enfrentan los jardineros domésticos cuando un abono añadido a una comunidad de plantas contrarresta otro abono aplicado a varias plantas cercanas. También es fácil nutrir las plantas en grandes cantidades. Algunos factores importantes deben estar presentes en pequeñas cantidades porque una concentración demasiado alta puede ser tóxica para las plantas. Los excelentes productos nutricionales hidropónicos fabricados para el cultivo que se está realizando contienen los nutrientes adecuados en las proporciones correctas para un crecimiento óptimo, y pueden medirse y dosificarse fácilmente con equipos baratos, eficaces y fáciles de conseguir.

CAPÍTULO TRES
La fórmula de los nutrientes

Ahora que ya conoce el papel que desempeñan los diferentes elementos nutritivos en las plantas, y tiene una idea de la mala salud de las plantas que provocan las deficiencias de estos elementos vitales, puedo describirle una fórmula nutritiva típica, para que pueda hacerse una idea de la forma en que estos elementos se ponen a disposición de sus plantas en un sistema de cultivo hidropónico. Los elementos esenciales que componen las mezclas nutritivas son el nitrógeno, el calcio, el potasio, el fósforo, el boro, el cobre, el hierro, el manganeso, el magnesio, el zinc, el azufre y el molibdeno.

Hay otros elementos conocidos por la ciencia que también intervienen en el crecimiento de las plantas. Entre ellos están el sodio, el selenio, el cloro, el vanadio y el cobalto. Estos elementos no suelen incluirse en la mezcla de nutrientes, ya que se necesitan en cantidades extremadamente pequeñas, tan pequeñas que es casi seguro que haya cantidades suficientes en la mezcla a modo de impurezas. Es posible que haya otros elementos que también se necesiten, también en cantidades microscópicas; sin embargo, la presencia de estos elementos como impurezas es tan pequeña que es extremadamente difícil de detectar. Algunos elementos también proceden de fuentes distintas a la mezcla de nutrientes. El aire suministra algunos de ellos, al igual que el suministro de agua.

Hay dos maneras de obtener la mezcla de nutrientes: puedes comprarla en polvo ya mezclada a varios proveedores o puedes mezclarla tú mismo. Si eres un cultivador comercial con una operación masiva, probablemente querrás al menos mezclar tus propios componentes importantes. Algunos cultivadores domésticos a los que les gusta experimentar también pueden querer preparar sus propios productos, pero a usted le resultará más fácil comprar un producto ya preparado. A menos que utilices más de 100 kilogramos de sales secas al año, el ahorro de costes por mezclarlas tú mismo será mínimo. Es como tener un coche, puedes disfrutar conduciéndolo pero no tiene mucho sentido intentar ahorrar unos céntimos mezclando tu propia gasolina. De todos modos, aquí hay algunas fórmulas para quienes deseen utilizarlas o quieran saber de qué se componen las diferentes mezclas. Observará que las mezclas vienen en dos partes. Esto se hace por motivos de almacenamiento para evitar la precipitación entre los diferentes elementos que componen la mezcla.

Fórmula número uno para los sistemas de "Desperdicio".

Gramos por 100 litros

Bolsa A- Nitrato de calcio_____80.9

- Bolsa B-Sulfato de potasio_____55.4
- Potassium Phosphate_____17.7
- Fosfato de amonio_____9.9

- Magnesium Sulphate_____46.2
- Iron EDTA_____3.27
- Manganese Sulphate_____0.02
- Boric Acid_____0.172
- Zinc Sulphate_____0.044
- Ammonium Molybdate_____0.005

Utilice esta fórmula por volumen y deberá disolver los elementos en las cantidades indicadas en 100 litros de agua. Nota: No intente disolver las cantidades indicadas en un volumen de agua menor, ya que se producirá una precipitación química que destruirá el nutriente)

Fórmula número dos

El siguiente ingrediente debe ser disuelto en dos recipientes separados de 25 litros de agua limpia para hacer dos concentrados de "solución madre" para su uso en sistemas de recirculación (también puede ser utilizado en sistemas "To Waste" si se desea)

- Bolsa A Nitrato de Calcio_____2.5 Kg
- Los siguientes ingredientes deben disolverse en 25 litros de agua limpia
-
- Bolsa b-Nitrato de potasio_____1.5 Kg

- Fosfato monopotásico_____0.5 Kg
- Sulfato de magnesio_____1.3 Kg
- T.E. (Trace Element) MIX_____0.1 Kg (100 gramos)

Para hacer el TE (Trace Element Mix) ayuda a trabajar en cantidades mayores para evitar problemas de pesaje de piezas pequeñas de tal manera que hace aproximadamente

- 10Kgs de mezcla TE:
- Quelato de hierro
- 7,5 Kgs Manganeso
- Sulfato 1.4Kgs
- Ácido bórico
- Sulfato de cobre
- Sulfato de zinc (mono)
- 85 gramos de amonio
- Molibdato 20 gramos

Esta mezcla le permite ahora mezclar sus propios nutrientes con uno de ellos.

Además de simplificar la mezcla de la solución nutritiva, el uso de un compuesto químico complejo conocido como quelato, como el hierro mostrado anteriormente, también tiene otros beneficios

Un oligoelemento cuando se sujeta firmemente con una molécula en forma de quelato que impide que reaccione con otras sustancias. Sin embargo, el nutriente sigue estando totalmente disponible para su uso cuando el quelato es absorbido por la planta. Esto evita la situación que a veces se produce al utilizar sulfatos, en la que el sulfato se vuelve insoluble e inutilizable para el cultivo. Del mismo modo, puede producirse una reacción con los fosfatos solubles que hará que tanto los oligoelementos como los fosfatos queden "bloqueados". El hierro, en particular, debe introducirse en la mezcla de nutrientes en forma de quelato. Aunque es más caro que las sales de hierro, sólo se necesitan pequeñas cantidades.

El uso de sales de hierro, como el sulfato ferroso, en su combinación provoca problemas de precipitación de hierro en el sistema que requieren un lavado regular del agua y la sustitución periódica de la solución nutritiva. La mayoría de los oligoelementos pueden introducirse en forma de quelato en la solución nutritiva, con la excepción del boro inorgánico y el molibdeno, por lo que no pueden ser quelados.

Así que estas son las formulaciones clave que prescribiría para las mezclas de nutrientes. Proporcionarán una dieta equilibrada para un crecimiento rápido y, sobre todo, saludable de sus plantas cultivadas en hidroponía. Ahora que tienes las fórmulas, puedes intentar mezclar la que creas que se adapta a tus necesidades o comprar una versión ya mezclada. Cuando compre su mezcla, todo lo que tiene que hacer es pesar la parte A y la parte B para obtener la proporción correcta, tal como se define en el envase, y luego aplicarla al contenido de agua requerido.

Siempre que se trate de una combinación fiable de nutrientes en "dos partes", se obtendrán resultados a la carta. Tenga cuidado con los alimentos para plantas de una sola mezcla, con anuncios que afirman su idoneidad para la producción hidropónica. Hay muchos en el mercado que no sirven para el uso hidropónico, a pesar de que se diga lo contrario.

CAPÍTULO CUATRO
Equipo

A la hora de elegir el equipo para los sistemas hidropónicos hay que tener en cuenta dos cosas importantes. La primera es que cualquier material que contenga la solución nutritiva debe ser resistente a la luz. La otra cosa que hay que tener en cuenta es que los productos que entran en contacto con la solución nutritiva no deben emitir ningún contaminante que altere el equilibrio de la solución nutritiva (como el brazo de latón que se muestra en la válvula de flotador) El precio sería ciertamente esencial, pero estos dos primeros factores no deben ser anulados.

Tanques de almacenamiento

Los cubos de plástico con la parte superior cortada y los cubos de basura de plástico son dos tipos de depósitos baratos y fáciles de conseguir que deberían satisfacer todas las especificaciones necesarias. El acero inoxidable es un material adecuado, ya que la solución mineral no lo daña. También pueden utilizarse contenedores de hormigón, pero deben envejecerse para garantizar que la cal y otros contaminantes se filtren de las superficies de hormigón. Una capa de sellado es una forma de superar ese problema.

Líneas de nutrientes

Los tubos de PVC de calidad alimentaria son el material más adecuado para transportar la solución nutritiva. Hay una gran variedad de materiales plásticos que se pueden adaptar para utilizarlos como conductos de nutrientes, pero hay que asegurarse de que son resistentes a la luz. Los tubos de color negro u oscuro funcionan bien para evitar la luz y también ayudan a captar el calor solar.

Bombas

Las bombas de acuario de tipo vibrador funcionan bien en los sistemas de tipo venturi, llenos de agregados. También pueden utilizarse en los sistemas más grandes para presurizar un tubo que puede utilizarse para alimentar el sistema con ácido. Esto se describe detalladamente en el capítulo dedicado a la creación de un sistema. Las bombas sumergibles son adecuadas, pero hay que comprobar que no tienen componentes metálicos que puedan contaminar la mezcla de nutrientes. Estas bombas están disponibles en tipos de bajo voltaje, desde unos 20 vatios hasta tipos que producen varios caballos de fuerza que funcionan con la red eléctrica. El sistema doméstico medio puede funcionar con éxito con una bomba de 40 a 60 vatios. Hay una serie de bombas disponibles para sistemas más grandes.

Válvulas

Las válvulas de cierre colocadas en puntos estratégicos pueden ser útiles, especialmente en los sistemas hidropónicos más grandes. Le permitirán trabajar en secciones del sistema sin tener que apagar todo. Una vez más, estas válvulas deben ser de PVC o de acero inoxidable. Otro aspecto de los sistemas más grandes, que se describe en el capítulo sobre la instalación, es la necesidad de una válvula de flotador o llave de bola para controlar la reposición de agua.

Es sorprendente la cantidad de agua que utilizan las plantas, por lo que, teniendo esto en cuenta, prácticamente cualquier sistema más grande que una jardinera o un jardín de patio necesitará un suministro de agua que fluya hacia la solución nutritiva para reemplazar el agua utilizada. Esto se controla fácilmente con una válvula de flotador o una llave de bola que detendrá el flujo cuando alcance el nivel seleccionado. Si la válvula no entra en contacto con la solución nutritiva, puede ser de latón o de alguna otra aleación, pero creo que las válvulas de plástico suelen ser más baratas y funcionan mejor.

Contenedores de cultivo

Hay una gama casi ilimitada de recipientes que se pueden utilizar en un sistema hidropónico. Si el recipiente no es resistente a la luz o si puede contaminar la solución nutritiva, puede forrarlo con una película de plástico. El polietileno negro es el más barato y tiene una larga vida útil. Los bidones de plástico con la parte superior cortada son una forma económica de crear una gran zona de cultivo. Los bidones pueden colocarse en fila y llenarse de material. La mezcla de nutrientes se bombea desde el tanque de almacenamiento a través de tubos de alimentación a cada tambor.

El tubo de alimentación principal corre por el centro de la línea de tambores con tubos más pequeños que se ramifican hacia cada tambor. Cuando está en funcionamiento, el nutriente fluye cerca de la parte superior del conjunto y desciende hasta la base de cada tambor. Desde allí, la solución nutritiva se canaliza a través de tubos de drenaje de vuelta al tanque de retención. Un tubo de polietileno de 15 mm (1/2") debería ser lo suficientemente grande como para drenar la solución nutritiva de cada tambor de vuelta a la tubería principal de drenaje que va al tanque de retención. Esta es una forma sencilla y eficaz de construir un sistema grande con contenedores de cultivo baratos.

Por el valor de la chatarra se pueden comprar todo tipo de contenedores en desuso y adaptarlos para su uso en un sistema hidropónico. Para empezar, las viejas tinas de lavado de hormigón son adecuadas para su uso en sistemas de agregados rellenos.

En los sistemas hidropónicos NFT también hay una amplia gama de tubos y otros materiales que pueden utilizarse como sumideros. Los productos para aguas pluviales son ideales, ya que pueden utilizarse eficazmente con caños de plástico, bajantes de plástico e incluso productos para tejados de largo recorrido. Se pueden hacer agujeros de plástico para que crezcan las plantas.

Utilice polietileno blanco o película panda (película plástica coextruida en blanco y negro) para ocultar los canales y dejar la luz fuera de la solución nutritiva, mientras que utilice canalones y otros materiales que proporcionen un canal abierto. Los agujeros para las plantas se hacen fácilmente en polietileno. Incluso puedes hacer tus propios canales de madera y utilizar polietileno para alinearlos. También se puede utilizar el polietileno doblándolo por sí mismo y recortando los bordes con pinzas de la ropa en la parte superior. Cuando se recorta un lado de una planta, las pinzas también ayudan a sostenerla.

Equipo de ensayo de C F (conductividad)
El valor del equipo de análisis de la solución nutritiva debería estar ahora muy claro. Antes de la invención de los equipos de análisis, los agricultores tenían que aplicar una determinada cantidad de nutrientes a un volumen fijo de agua que producía la fuerza deseada de una solución nutritiva. Ésta podía utilizarse durante un periodo

determinado antes de verterla y sustituirla por una nueva mezcla fresca.

Se trata de una práctica que supone un despilfarro, ya que supone que todos los nutrientes de la solución fueron utilizados por las plantas durante el tiempo que se utilizó. En realidad, es probable que sólo se haya utilizado una parte de los elementos nutritivos y, aparte de los síntomas de carencia que muestren las plantas, el agricultor no habría tenido ni idea de cuándo se habían agotado los distintos componentes de los nutrientes. Ahora existen laboratorios autorizados donde los agricultores pueden analizar sus mezclas de nutrientes.

Pueden utilizar un espectrómetro de absorción atómica capaz de analizar la mezcla de nutrientes y proporcionar una lectura de los distintos elementos de la mezcla en partes por millón. Este tipo de tecnología es demasiado compleja, costosa y demasiado precisa para que los agricultores hidropónicos la utilicen a diario. Es más apropiado el medidor de CF ya descrito, que mide la fuerza de la solución nutritiva. Son fáciles de usar y están al alcance de los cultivadores comerciales y de los aficionados caseros.

Hay varios tipos de medidores de FC. Los medidores de FC manuales más antiguos constan normalmente de dos diales y un medidor de puesta a cero o anulación. El operador primero mide la temperatura de la solución para probar la solución de nutrientes y, a continuación, establece esto en el dial de temperatura que por lo general tiene ajustes entre 15 ° C y 40 ° C. Algunas de las soluciones de nutrientes a continuación, llenar la taza de la muestra en el medidor con. La segunda perilla se gira hasta que la aguja del medidor cae a cero.

El valor de CF se indica mediante la posición de ese segundo dial. El medidor incluye un ajuste de temperatura, ya que esto tiene un efecto significativo en la lectura de CF. Los valores de CF se dan generalmente a una temperatura normal de 20 ° C. La temperatura de la solución nutritiva cambia por cada grado Celsius, el valor de CF cambiará alrededor de un dos por ciento. Esto puede suponer una diferencia significativa, por lo que los medidores tienen que ser capaces de tener en cuenta las variaciones de temperatura. Los nuevos medidores con conductividad automática (CF), tienen en cuenta automáticamente las diferencias de temperatura con respecto a la medición normal de la temperatura de 20 ° C. Tales medidores minimizan a un mínimo los controles.

No hay pruebas, todo lo que tiene que hacer es sumergir la parte de la sonda del medidor en la solución nutritiva. A continuación, el medidor registra para usted el valor de la FC, ajustado a una pantalla digital para la temperatura. Lo único que debe recordar el operador es dejarlo en la solución el tiempo suficiente para que el detector de temperatura evalúe la temperatura correctamente. Estos medidores están disponibles en versiones de línea y de mano.

Las unidades en línea tienen accesorios en ambos extremos para encajarlas en la tubería de alimentación de nutrientes que suministra a la zona de cultivo. El medidor dará entonces lecturas constantes de la FC sobre el estado de la mezcla de nutrientes. Una ventaja adicional que ofrecen algunos proveedores es la posibilidad de leer los valores en otras medidas de conductividad, como la escala de CE y la escala de TDS (sólidos disueltos totales), que no se recomienda.

Controladores hidropónicos

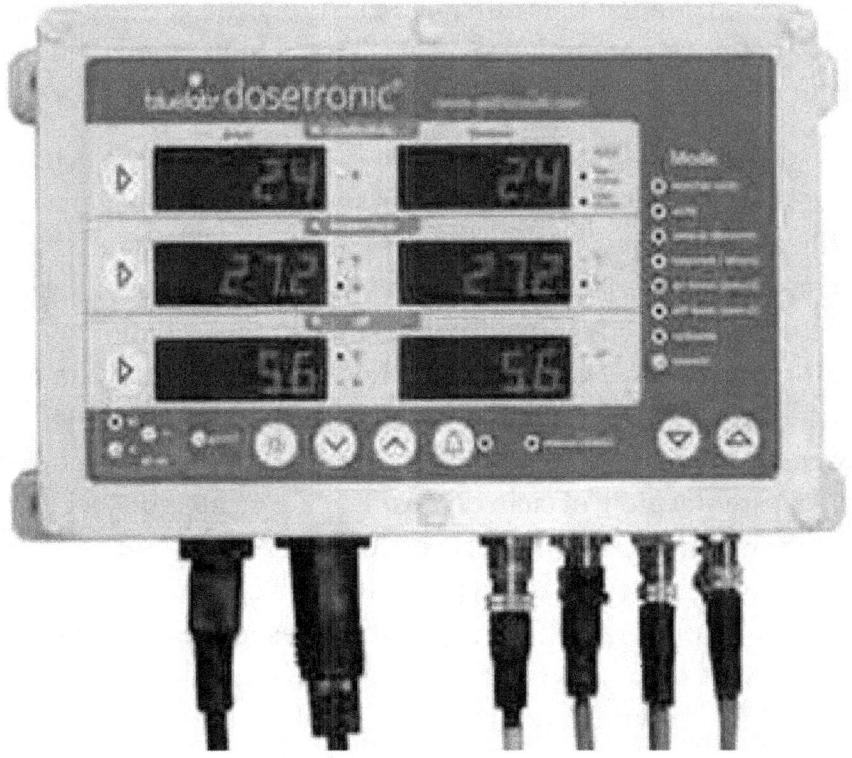

Con la ayuda de un medidor de CF, el cultivador hidropónico puede evaluar rápidamente la fuerza de la mezcla de nutrientes y añadir más nutrientes al tanque según sea necesario. Esto puede parecer mucho trabajo, pero hay que tener en cuenta que las plantas que crecen en el suelo también utilizan nutrientes. La diferencia es que sólo se detectan las carencias de nutrientes en las plantas que crecen en el suelo cuando aparecen los síntomas de la carencia y entonces es casi demasiado tarde. En consecuencia, hay que aplicar regularmente fertilizantes en cantidades que resultan bastante dispendiosas. En un sistema hidropónico sólo hay que reponer los nutrientes que realmente utilizan las plantas.

Las plantas pueden utilizar enormes cantidades de nutrientes, pero al hacerlo tendrán un crecimiento fenomenal. Mediante la adición de sistemas de control automático, el rendimiento de su sistema hidropónico puede ir un paso más allá.

Con un controlador automático de CF puede preestablecer el nivel de CF al que desea mantener su sistema. Si las plantas utilizan suficientes nutrientes para que la cantidad de CF de la mezcla de nutrientes caiga por debajo del nivel establecido, el controlador activa una bomba o una válvula solenoide automáticamente, haciendo que fluya más concentración de nutrientes hacia el tanque de retención hasta que la concentración de la solución nutritiva caiga por encima del nivel establecido y el ciclo de dosificación se apague automáticamente. La mayoría de los controladores de CF tienen también alarmas de valor alto y bajo. Sonarán para avisarle si, por ejemplo, el depósito de reserva está vacío o si una válvula o bomba está defectuosa. Un cultivador profesional con una gran red se tomará en serio el controlador automático. Una vez instalado, las únicas tareas que le quedan al cultivador son la poda, la cosecha y la sustitución de las plantas, así como el rellenado de los depósitos de vez en cuando. Incluso, los controladores CF son buenos para los jardineros domésticos.

Esto significa que puede irse de vacaciones mientras su solución nutritiva es ajustada automáticamente por el controlador según sea necesario. Las unidades de control que ahora se generan en Nueva Zelanda se encargan de controlar tanto la FC como el otro indicador importante de su solución nutritiva, el pH. Las unidades de control se basan en los medidores de FC y pH con controles adicionales que le permiten predeterminar los niveles de cada uno de ellos necesarios y a los que el controlador ajustará la solución nutritiva.

Medidores de PH

Si está dispuesto a cambiar manualmente la solución nutritiva, un medidor de pH será tan útil como un medidor de FC para permitirle determinar el estado de la solución nutritiva.

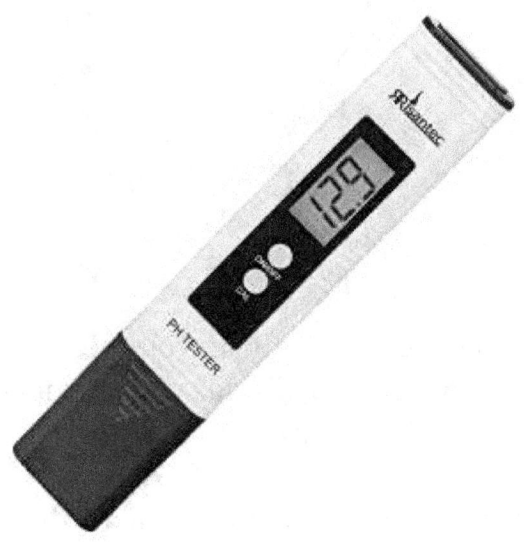

Sólo un medidor de pH, los sistemas hidropónicos mínimo podría ser alimentado. Para las piscinas se podría utilizar una cinta indicadora de color o la solución tipo proporcionada en forma de kit. El sistema funciona siempre que la medida del color esté en buenas condiciones. La única manera de comprobar que el indicador muestra el valor real es probarlo en una solución de la que ya se conoce el valor del pH para ver si se obtiene el resultado correcto. Esto se llama "solución tampón". No suele merecer la pena intentarlo sin un medidor de pH adecuado, el desembolso por un medidor es mínimo y los resultados son más precisos, especialmente si tienes algún daltonismo.

El medidor de pH es básicamente un voltímetro muy sensible que mide la presión eléctrica. El agua pura no tiene ningún voltaje, pero en las soluciones ácidas y alcalinas se produce una cantidad ínfima de electricidad. Es demasiado pequeña para medirla con un voltímetro normal. El medidor de pH tiene un amplificador único que aumenta la salida de la sonda de pH que se coloca en la solución medida. Una vez amplificada, la señal de tensión generada en la sonda es modificada por circuitos individuales para adaptarse a las variaciones de temperatura, ya que las lecturas de pH se ven influidas por la temperatura de la misma manera que las lecturas de CF, pero en un grado mucho menor. A continuación, el medidor proporciona una lectura digital que muestra el valor del pH de la solución analizada.

El medidor de pH funciona tomando una señal mínima, multiplicándola, ajustándola y convirtiéndola después en un nivel de pH, por lo que hay que tener cuidado para garantizar la exactitud de las lecturas al utilizar el medidor. La muestra debe lavarse en agua purificada o desionizada con un valor de pH neutro de 7. A continuación, la muestra puede probarse poniéndola en un tampón. La sonda se coloca primero en una solución tampón que se sabe que tiene un valor de pH de 7. El medidor puede no leer 7, por lo que hay que ajustar el sistema de ajuste del tampón hasta que el medidor muestre una lectura de pH de 7. El siguiente paso es colocar la sonda en una solución tampón con un valor de pH de 4 (o 10, sólo hay que desplazarla del valor neutro de 7) para que se realice el segundo ajuste. Cuando se sumerge en la solución nutritiva, el medidor ya está listo para dar una lectura precisa.

Los nuevos medidores tienen microprocesadores en sus circuitos que hacen que la calibración automática sea mucho más sencilla, así que asegúrese de leer las instrucciones proporcionadas con el medidor para obtener el mejor rendimiento del mismo. Asegúrese de lavar siempre la sonda en agua dulce después de leer en su medidor de pH.

También tendrá que mantener la sonda húmeda cuando no esté en uso, ya que la sonda nunca debe secarse. Este procedimiento puede parecer complicado, pero una vez que haya establecido su jardín hidropónico, descubrirá que sólo le llevará unos minutos de su tiempo. Probar y ajustar la mezcla de nutrientes con regularidad le proporcionará buenas cosechas y le llevará mucho menos tiempo que desherbar un jardín convencional. Recuerde también que, a diferencia de un jardín en el suelo, en un jardín hidropónico se pueden comprobar y ajustar los niveles de pH y de CF mediante equipos de dosificación automática, algunos de los cuales son los principales diseños producidos por Nueva Zelanda.

CAPÍTULO CINCO
Creación de un sistema

Ya se han descrito los pasos básicos para montar una pequeña zona de cultivo con una bomba de aire. Este sistema puede ampliarse, aunque hay que tener en cuenta algunos puntos a medida que aumenta su tamaño. Por ejemplo, en un jardín lleno de áridos, hay que comprobar de vez en cuando los tubos de drenaje y de alimentación para asegurarse de que los sistemas de raíces de las plantas no los han obstruido.

El sistema más grande que estará listo para instalar ahora también traerá una serie de puntos que serán relevantes para la mayoría de los sistemas hidropónicos grandes. Esto todavía puede ser un sistema simple diseñado para abastecer a varias personas y para funcionar en un sistema de prueba manual, sin embargo, el plan de instalación paso a paso también incluye la información necesaria para automatizar el sistema.

Primer paso: comprobar el suministro de agua

El primer paso, y uno de los más importantes, para montar cualquier sistema hidropónico es comprobar la calidad de su suministro de agua. El agua es la base de la mezcla de nutrientes, la parte central de todo el sistema hidropónico. Si su agua es suministrada por una autoridad local desde una estación de tratamiento de agua, probablemente no habrá problemas. Puede consultar con el departamento de ingenieros de su ciudad, que normalmente puede facilitarle un análisis del agua. Si el agua procede de un pozo o de una perforación, debería hacer analizar una muestra para asegurarse de que el agua no está sobrecargada de ningún elemento.

Los valores máximos de cada elemento que las plantas pueden tolerar en partes por millón son:

Sodio _____ 180 ppm

(si sólo se cultivan lechugas, este valor debería ser sólo de 20 ppm)

Calcio _____ 100 ppm

Cloruro _____ 70 ppm

Boro _____ 0.2 ppm

Sulfato _____ 80 ppm

Magnesio _____ 45 ppm

Carbonatos _____ 60 ppm

Los elementos como el sodio, el hierro y el zinc, por ejemplo, se vuelven tóxicos para las plantas si están presentes en una concentración demasiado alta. En general, su agua será aceptable si no se superan los siguientes valores.

Un suministro de agua sobrecargado con uno de los elementos puede ser bastante aceptable para el consumo humano pero resultar inutilizable en un sistema hidropónico. Si su agua es uno de los pocos casos en los que hay una impureza que no se puede filtrar, entonces tendrá que considerar un suministro de agua alternativo. El agua de lluvia suele ser una buena alternativa.

NOTA: Si los niveles están fuera de los valores indicados, se debe buscar la opinión de un experto para confirmar tanto las fórmulas requeridas como los cultivos que crecerían aceptablemente en tales condiciones.

Si quiere cultivar plantas de forma hidropónica con un valor de FC de 25, por ejemplo, y utiliza agua con un exceso de sodio, puede encontrarse con que el valor de FC de su solución nutritiva es mucho mayor que las 25 unidades de FC que necesita.

Esto se debe a que el agua puede haber tenido un valor de FC de aproximadamente 22 antes de que usted le añadiera cualquier mezcla de nutrientes. El exceso de sodio en su suministro de agua sería el responsable de esta cifra. Este es sólo un ejemplo de una de las cosas que pueden ocurrir si no se comprueba el suministro de agua antes de empezar. La mayoría de los cultivadores hidropónicos nunca experimentan este problema, pero aun así merece la pena comprobarlo.

Los recipientes que no sean inertes deben pintarse con dos capas de pintura bituminosa para asegurarse de que no liberan sustancias nocivas en la solución nutritiva.

Segundo paso: planificar la disposición de la zona de cultivo

El siguiente paso en la creación de un jardín hidropónico es planificar la disposición de sus barrancos o zonas de cultivo. Mantenga la superficie de cultivo muy por encima del nivel del suelo. Esto le ayudará a mantener los productos limpios y a conseguir una buena circulación de aire, lo que es especialmente importante si está cultivando en un invernadero. Deja siempre mucho espacio entre las zonas de cultivo para que puedas entrar a recoger tus cosechas y poner nuevas plantas con facilidad. Puedes aumentar o reducir el tamaño de las zonas de cultivo y modificar su disposición para adaptarlas a tu situación, siempre que respetes algunos principios básicos. El primero es que la caída mínima de los barrancos NFT debe ser al menos de uno en cuarenta. Recuerde que esto equivale a 1 cm de elevación en un extremo del barranco por cada 40 cm de longitud. El caudal de cada barranco debe ser de aproximadamente un litro por minuto, aunque la experiencia le mostrará cuánto puede reducir esta cifra. Bombear la solución nutritiva a través de su sistema a un ritmo más rápido de lo necesario sería un desperdicio de electricidad y podría conducir a la formación de charcos indeseables y a la muerte de las raíces.

El tamaño y la longitud de los canales NFT dependerán totalmente del tipo de cultivo. La lechuga, por ejemplo, no se alimenta mucho, por lo que se pueden utilizar con éxito cárcavas de 100 mm de ancho, 50 mm de alto y hasta 18 metros de largo. Los tomates, por el contrario, se alimentan mucho y tienen una estructura radicular vigorosa que exige un buen suministro de oxígeno y nutrientes, por lo que es necesario reducir la longitud del canal. El uso de surcos excesivamente largos puede dar lugar a que las plantas situadas al final de los surcos sufran una mala salud radicular. Una buena longitud de barranco para los tomates es de 10 metros, aunque puede ampliarse hasta 15 metros siempre que el barranco tenga un tamaño suficiente, esté instalado correctamente para evitar el encharcamiento de nutrientes, tenga una pendiente mínima de 1:40 y esté provisto de un control del caudal para limitar el volumen de nutrientes que entran en el barranco.

Algunos cultivadores utilizan tubos de alimentación adicionales colocados a intervalos a lo largo de barrancos muy largos. Esta no es una forma recomendada de utilizar barrancos largos. Siempre se debe introducir toda la mezcla de nutrientes en la cabecera del canal, ya que la solución nutritiva rancia es expulsada del canal por el flujo de la solución nutritiva entrante. Esto puede no ocurrir tan eficazmente cuando la entrada de la solución nutritiva se divide entre varios puntos de entrada. Sería mejor utilizar un mayor número de barrancos en longitudes cortas con flujos adecuados. Recuerde lo importante que es el oxígeno para las plantas, el nutriente rancio debe ser devuelto al tanque de retención de manera efectiva para que los gases de desecho puedan ser expulsados y que las plantas reciban oxígeno y nutrientes frescos.

Una práctica reciente con los barrancos NFT ha sido utilizar una estera capilar para revestir el barranco. Este material actúa como papel secante, asegurando que la solución nutritiva se extienda por todo el suelo del barranco. La estera capilar permanente es excelente en situaciones comerciales en las que todas las plantas y su material radicular pueden retirarse de una vez junto con la estera. Sin embargo, en un huerto hidropónico doméstico, puede resultar una molestia cuando sólo se quiera retirar una planta, ya que las raíces de ésta habrán crecido a través de la estera capilar. En la mayoría de los casos, la esterilla es innecesaria, excepto cuando las plantas son muy pequeñas. En esta etapa existe la posibilidad de que el sistema de raíces de la planta no se encuentre en la trayectoria del flujo de nutrientes.

Este problema se resuelve fácilmente colocando pequeños trozos de papel de cocina debajo de las raíces de las plantas muy pequeñas o un trozo de la estera capilar desechable que se disuelve después de aproximadamente diez días tras ser mojada por primera vez. Estos actuarán como papel secante hasta que las raíces se desarrollen y el material se rompa gradualmente. Los trozos de material son atrapados por un colador que también elimina cualquier partícula pequeña de vegetación antes de que sean arrojados al tanque de retención. Esto ayuda a mantener limpio el sistema.

La configuración de los contenedores llenos de agregados es bastante sencilla. La disposición descrita en la sección sobre contenedores de cultivo con bidones puede ampliarse hasta alcanzar la superficie de cultivo que necesite o puede utilizar bandejas grandes similares a las ilustradas para el sistema doble en este capítulo. El tamaño de los contenedores llenos de agregados puede variar en función del tamaño del tanque de retención que tenga. La forma de determinar el tamaño que necesita se explica completamente en la sección sobre los tanques de retención. Algo que debe recordar al llenar los contenedores con áridos es utilizar un material más grueso en el fondo que se vuelve más fino a medida que se llena el contenedor. Termine con una capa de material ligeramente más grueso en la superficie. Una capa de 1cm de profundidad de viruta de 4mm o 5mm funciona bien, permitiendo que la capa superficial permanezca seca y libre de crecimiento de algas.

Tercer paso: El tanque de retención

El tamaño de los tanques de retención dependerá del tamaño de la zona de cultivo que se vaya a abastecer y del tipo de sistema. Los sistemas de prueba y dosificación manuales tienen requisitos diferentes de los sistemas de dosificación automática.

Sistemas manuales

Prácticamente no existe un límite de tamaño máximo para los tanques de retención en los sistemas de prueba y dosificación manuales, sólo un tamaño mínimo. El tamaño mínimo del tanque de retención puede establecerse con exactitud una vez que tenga los canales, los contenedores de cultivo, las tuberías de alimentación y drenaje y la bomba instalada y lista para funcionar. Seleccione un recipiente que crea que puede contener suficiente agua para llenar el sistema, con un margen para un poco de agua extra. A continuación, llene el recipiente con agua y comience a bombearla alrededor del sistema mientras sigue llenando el recipiente.

Cuando todos los barrancos y contenedores de cultivo tengan agua fluyendo a través de ellos y de vuelta al tanque de retención temporal, puedes dejar de llenarlo con agua pero mantener la bomba en funcionamiento para que el agua siga circulando por el sistema.

Ahora puede comenzar a drenar lentamente el agua del recipiente hasta que alcance la cantidad mínima necesaria para dar servicio adecuado a la bomba. Cuando haya alcanzado este nivel, deje de drenar y apague la bomba. Deje que el agua de los barrancos y de los contenedores de cultivo vuelva a drenar en su tanque de retención temporal. Esto probablemente le llevará entre cinco minutos y media hora, tras lo cual tendrá la cantidad mínima de agua necesaria para hacer funcionar el sistema en su depósito.

Una vez descubierta la cantidad mínima de líquido necesaria para el funcionamiento de su sistema, puede obtener un depósito de retención del tamaño adecuado. Se sorprenderá de la cantidad de agua que hay en el sistema. Si no tiene en cuenta la cantidad de agua que hay en el sistema cuando decida el tamaño del depósito de retención, éste se inundará en cuanto se produzca un corte de electricidad o falle la bomba.

Es posible que el tanque tenga que ser capaz de contener bastante más líquido que la cantidad mínima que descubrió en su prueba. Porque cuando el sistema esté funcionando completo con plantas, la cantidad de solución nutritiva en el sistema tendrá que ser capaz de abastecer las necesidades nutricionales de todas las plantas durante el tiempo que transcurra entre las pruebas y la dosificación.

La cantidad mínima de solución nutritiva necesaria para mantener el flujo de líquido a través del sistema y para mantener la bomba en funcionamiento podría proporcionar suficientes nutrientes a las plantas si se analiza y se dosifica con mayor regularidad, por ejemplo, dos veces al día. En otras palabras, si analiza y dosifica la mezcla antes del desayuno y después de la cena, la cantidad mínima de mezcla de nutrientes utilizada sólo tendrá que mantener a las plantas con un suministro nutricional adecuado durante períodos de unas 10 horas.

Si decide que sólo quiere probar y dosificar la mezcla una vez al día, tendrá que durar el doble de tiempo, por lo que podría ser necesario un tanque de retención más grande. Si utiliza un tanque más grande de lo que técnicamente se necesita, se asegurará de que las plantas se mantengan adecuadamente abastecidas, especialmente durante las épocas de alimentación intensa. Obviamente, consideraciones tales como el uso efectivo del espacio disponible, así como la financiación, limitarán el tamaño del tanque de retención, aunque teóricamente, para los sistemas manuales, cuanto más grande, mejor.

Sistemas automáticos

El más eficaz de todos los sistemas hidropónicos es el que se controla y dosifica automáticamente. Todos los sistemas más sencillos funcionan bien, pero para mantener su sencillez sacrifican algún aspecto del rendimiento. Sin ningún tipo de equipo de comprobación se puede cultivar en hidroponía. En su lugar, cada dos o tres semanas se sustituye por completo un volumen de solución nutritiva mayor que el realmente necesario.

Además de ser un despilfarro, debe aceptar que, cuando utilice este sistema, no tendrá idea de si hay suficiente alimento disponible para las plantas durante todo el periodo de tiempo. El periodo de eliminación y sustitución puede ampliarse ampliamente mediante el uso de equipos de prueba automatizados, pero seguirá habiendo periodos en los que el nutriente no proporcione el mejor crecimiento posible porque su mecanismo puede haberse descontrolado mucho con el tiempo.

Habrás notado lo irritables que se vuelven los humanos cuando se pierden una comida regular. Lo que hace pensar que las plantas son diferentes. Por lo tanto, la dosis máxima del dispositivo en la demanda de 24 horas al día, Esto asegurará, por ejemplo, que las plantas como los tomates, que se puede encontrar la absorción de nutrientes a la 1 am de la mañana, siempre tienen los nutrientes que necesitan.

El tamaño del depósito de transporte de la solución nutritiva debe ajustarse minuciosamente a las menores demandas de líquido del sistema hidropónico para obtener la mayor eficacia posible de un controlador automático de comprobación y dosificación. Al igual que con los sistemas probados y ajustados manualmente, no hay lugar para ir a tanques de retención excesivamente grandes. Esto se debe a que el sistema automatizado tendrá una mayor potencia sobre una menor cantidad de solución de nutrientes. Por ejemplo, si estuviera funcionando un sistema ajustado automáticamente para mantenerse a un nivel de 25 unidades C F, podría encontrar que la temperatura de la solución de nutrientes se eleva hasta 10 ° C durante el día.

De esta subida, el calor del sol sería el principal responsable, y cada grado centígrado que sube la temperatura cambia el valor de CF de la mezcla de nutrientes en un dos por ciento. Recuerde que el valor de FC aparente se ve afectado por la temperatura. Los controladores automáticos de la FC tienen un circuito de detección de la temperatura que compensa cualquier cambio de temperatura y mantiene efectivamente la FC en el valor deseado, sin embargo hay problemas con los tanques de retención de gran capacidad que se dosifican hasta el valor de la FC deseado. Si la temperatura varía mucho, el sistema no puede seguir el ritmo de los cambios. En caso necesario, el controlador puede aumentar la dosificación pero no puede reducirla.

Los sistemas automáticos confían en que las plantas reduzcan el valor de CF de la solución nutritiva al consumir los nutrientes. En un sistema con un pequeño tanque de retención, las plantas pronto utilizarán suficientes nutrientes para reducir el valor de CF, pero esto podría llevar mucho tiempo en un tanque de gran capacidad. En algunos casos, la temperatura puede haber cambiado de nuevo antes de conseguirlo. Las variaciones de temperatura entre la noche y el día pueden ser a menudo lo suficientemente extremas como para causar este problema. La alternativa es que el tanque de almacenamiento se diseñe al mismo nivel que el método manual. Este tamaño, el más bajo posible, no debería superarse para garantizar que los valores de FC y pH de las soluciones nutritivas se mantengan lo más precisos posible.

El sistema sólo utilizará el agua suficiente para mantener las zonas de cultivo abastecidas y la bomba sumergida en el tanque de retención, por lo que tendrá que asegurarse de que este nivel no baje más. Puede hacerlo ajustando la válvula de reposición de agua para que, en cuanto el nivel descienda por debajo del nivel requerido, entre agua nueva. Recuerde que el valor de CF también podría aumentar hasta un nivel crítico si deja que el agua se agote sin reponerla a tiempo. Si hay una ósmosis inversa demasiado fuerte en la solución nutritiva, las plantas perderán su humedad, se marchitarán y morirán.

Cuarto paso: Instalación de un controlador automático

El primer punto, y uno de los más importantes, que hay que tener en cuenta a la hora de instalar un controlador automático es situarlo lejos del agua, la suciedad o cualquier otro elemento que pueda afectar al funcionamiento de la unidad. Deben evitarse las condiciones de humedad, por lo que debe construirse una estructura bien ventilada para alojar el controlador lejos de los depósitos y de la zona de cultivo. Si las condiciones son favorables, se puede instalar en la misma habitación que los tanques de almacenamiento, con el controlador montado en una pared lejos de salpicaduras o goteos. Puedes empezar a instalar el controlador instalando un tubo en la tubería principal de suministro de nutrientes justo cuando sale del tanque de retención. En este punto debe instalarse un grifo para poder apagar el sistema de control y trabajar en él sin tener que cerrar todo el sistema. El tubo va desde la tubería principal de nutrientes hasta un pequeño contenedor de muestras junto al controlador automático, dondequiera que se haya ubicado.

Una tubería de PVC de 16mm será lo suficientemente grande como para llevar una muestra de parte de la solución nutritiva hasta este recipiente. En este tubo se puede instalar una célula CF en línea y conectarla al controlador automático. Para asegurarse de que la célula CF produzca lecturas precisas, instale la célula inclinada en un ángulo de 45° con una válvula antirretorno en el lado de suministro, utilice accesorios seguros en ambos lados para evitar fugas de aire. Cualquier bolsa de aire que se forme en la célula producirá lecturas inexactas. El controlador automático también tendrá una conexión para una sonda de compensación de temperatura para la lectura de la FC. Esta sonda puede colocarse en el depósito principal o en el recipiente de la muestra. Algunos controladores prescinden de las celdas en línea y se limitan a utilizar una sonda de inmersión con su propio termistor de temperatura colocada en el recipiente de la muestra.

El siguiente elemento a instalar es la sonda de pH que se instala en el contenedor de muestras. Este recipiente debe tener un accesorio de entrada en la parte inferior y un desagüe de salida hacia el tanque de retención en la parte superior. La línea de dosificación del pH también se introducirá en el recipiente de la muestra. Como se recordará, en el capítulo dedicado a los equipos se insistió en que las sondas de pH no deben secarse nunca una vez puestas en funcionamiento.

El bulbo de medición de vidrio debe mantenerse húmedo y limpio. Ambos requisitos pueden satisfacerse fácilmente conectando la línea de dosificación de pH al recipiente de la muestra para que vierta ácido sobre la sonda de pH. El ácido nítrico y el ácido fosfórico suelen utilizarse para alterar el pH de la solución nutritiva. El ácido es también la mejor sustancia para limpiar la sonda de pH. Esta disposición permite un control fino del valor global del pH de los nutrientes, ya que en cuanto el ácido se bombea en el recipiente de la muestra, golpea la sonda de pH conectada al controlador automático. La sonda enviará una señal al controlador que corta inmediatamente el suministro de ácido evitando la sobredosificación.

El segundo requisito se consigue colocando el tubo de entrada al recipiente de la muestra por encima de la altura del extremo del bulbo de la sonda de pH, de modo que, aunque el recipiente de la muestra se vaciara, una cantidad residual seguiría siendo suficiente para mantener la sonda húmeda

Los nutrientes fluyen desde el tanque de retención a través de las tuberías de alimentación hacia los contenedores de cultivo y vuelven a drenar en un sistema controlado automáticamente de la misma manera que en uno manual. Se conduce una línea desde la tubería principal de alimentación y se toma una muestra de la solución nutritiva para comprobarla. Esta línea contiene un grifo de apagado que permite apagar el sistema automático si es necesario. La línea de alimentación está conectada a una célula de medición CF en línea que está conectada en un ángulo de 45 ° para evitar las burbujas de aire que dan lecturas falsas. La célula CF indica al controlador automático cuando la solución nutritiva es demasiado débil y el controlador activa las válvulas solenoides de funcionamiento (o bombas), permitiendo que los nutrientes adicionales fluyan hacia el tanque de retención principal desde los tanques de recarga. El pH de la mezcla de nutrientes se mide con una sonda de pH situada en el recipiente de muestras de la solución nutritiva ubicado detrás de la célula CF. Cuando el pH es demasiado alto, el controlador activa una bomba de aire que presiona el tanque de ácido de retención utilizado para ajustar el nivel de pH del nutriente. El ácido fluye por la tubería hacia el contenedor de muestras mezclándose con la solución nutritiva que vuelve a fluir continuamente por una tubería de desbordamiento hacia el tanque de retención principal. El sistema también cuenta con una válvula de reposición de agua que permite que fluya agua adicional en el tanque de retención cuando el volumen es demasiado bajo.

Una tubería resistente al ácido (PVC-Polietileno) debe conectar el tanque de retención del ácido con los recipientes de las muestras. Para hacer subir el ácido al recipiente de la muestra, se puede utilizar una pequeña bomba de aire de acuario. Esta bomba está conectada al controlador automático y es activada por el controlador si la sonda de pH detecta un aumento del pH de la solución nutritiva.

La bomba funciona presionando el líquido de la botella que empuja el agua hacia el tubo, lo que cambia el pH de la solución nutritiva. El controlador automatizado activa una bomba o una electroválvula igualmente para alimentar los nutrientes en el tanque de retención central. El controlador activa la bomba cuando recibe una señal de la célula CF que indica que la fuerza de la solución nutritiva ha disminuido. Cuando la célula CF detecta un aumento de la intensidad de la solución nutritiva hasta la cantidad preestablecida en el dispositivo, la bomba se apaga.

Los principios y el funcionamiento de un sistema de control automático son bastante sencillos, por lo que la disposición es algo que puede realizar tanto el cultivador doméstico como el comercial. Cuando empiece a cultivar con un dispositivo de control y dosificación manual, se familiarizará plenamente con el equipo de control de la FC y el pH. Esto facilitará la instalación de un equipo de control automático cuando decida conocer el funcionamiento del equipo de comprobación. En un sistema automático, la sonda de comprobación del pH tendrá que amortiguarse una vez a la semana y la sonda de FC se lavará cada tres o cuatro meses con un limpiador aceptable, Jiff, Soft scrub o una sustancia limpiadora patentada.

Además de estas comprobaciones periódicas, todo lo que el cultivador tendrá que hacer una vez que se haya instalado un sistema automático, será vaciar los depósitos de reposición de nutrientes y el depósito lleno de ácido para cambiar el pH de la solución nutritiva. Recuerde que si todo lo demás falla, lea las instrucciones de instalación y funcionamiento publicadas por el fabricante del equipo.

www.ingramcontent.com/pod-product-compliance
Lightning Source LLC
Chambersburg PA
CBHW070339120526
44590CB00017B/2943